AF221755

Impressum
Verlag: BABADADA GmbH, Nedderfeld 112 , 22529 Hamburg
Geschäftsführer / Verlagsleitung: Harald Hof
Druck: Books on Demand GmbH, In de Tarpen 42, 22848 Norderstedt

Imprint
Publisher: BABADADA GmbH, Nedderfeld 112 , 22529 Hamburg, Germany
Managing Director / Publishing direction: Harald Hof
Print: Books on Demand GmbH, In de Tarpen 42, 22848 Norderstedt, Germany

škola
اسکول

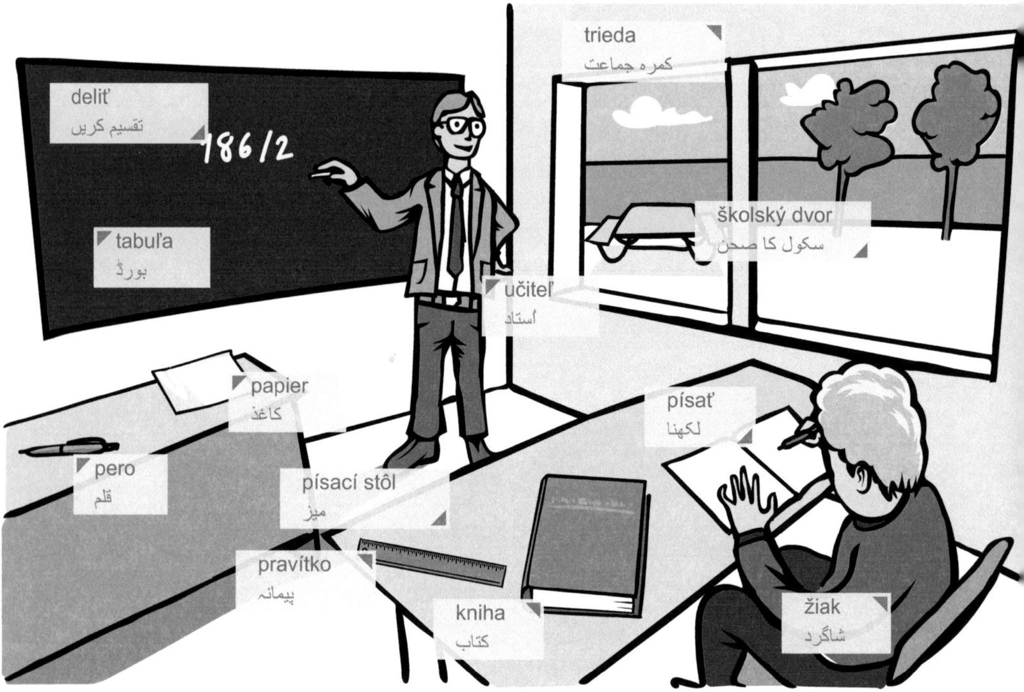

trieda
کمرہ جماعت
deliť
تقسیم کریں
186/2
tabuľa
بورڈ
školský dvor
سکول کا صحن
učiteľ
اُستاد
papier
کاغذ
písať
لکھنا
pero
قلم
písací stôl
میز
pravítko
پیمانہ
kniha
کتاب
žiak
شاگرد

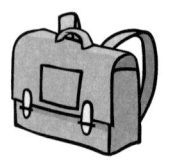

školská taška

بستہ

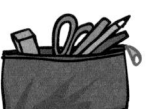

peračník

پینسل کیس

ceruza

پینسل

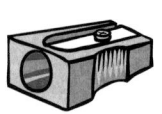

strúhadlo na ceruzky

پینسل شارپنر

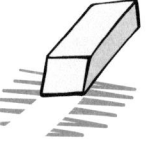

guma

ربڑ

skicár

ڈرائنگ پیڈ

kresba

ڈرائنگ

štetec

پینٹ برش

vodové farby

پینٹ باکس

nožnice

قینچی

lepidlo

گوند

cvičný zošit

مشق کی کاپی

domáca úloha

ہوم ورک

číslo

ہندسہ

sčítať

جمع کریں

odčítať

منفی کریں

násobiť

ضرب دیں

počítať

شمار کریں

písmeno

خط

abeceda

حروف تَہجی

slovo

لفظ

text

متن

čítať

پڑھنا

krieda

چاک

hodina

سبق

triedna kniha

اندراج

skúška

امتحان

certifikát

سند

školská uniforma

سکول یونیفارم

vzdelanie

تعلیم

encyklopédia

انسائیکلوپیڈیا

univerzita

یونیورسٹی

mikroskop

خورد بین

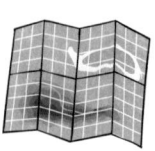

mapa

نقشہ

kôš na papier

ویسٹ پیپر باسکٹ

cesta
سفر

Grand
hotel
ہوٹل
nocľaháreň
ہاسٹل
ROOMS
zmenáreň
رقم تبدیل کرانے کیلئے دفتر
kufor
سوٹ کیس
auto
کار

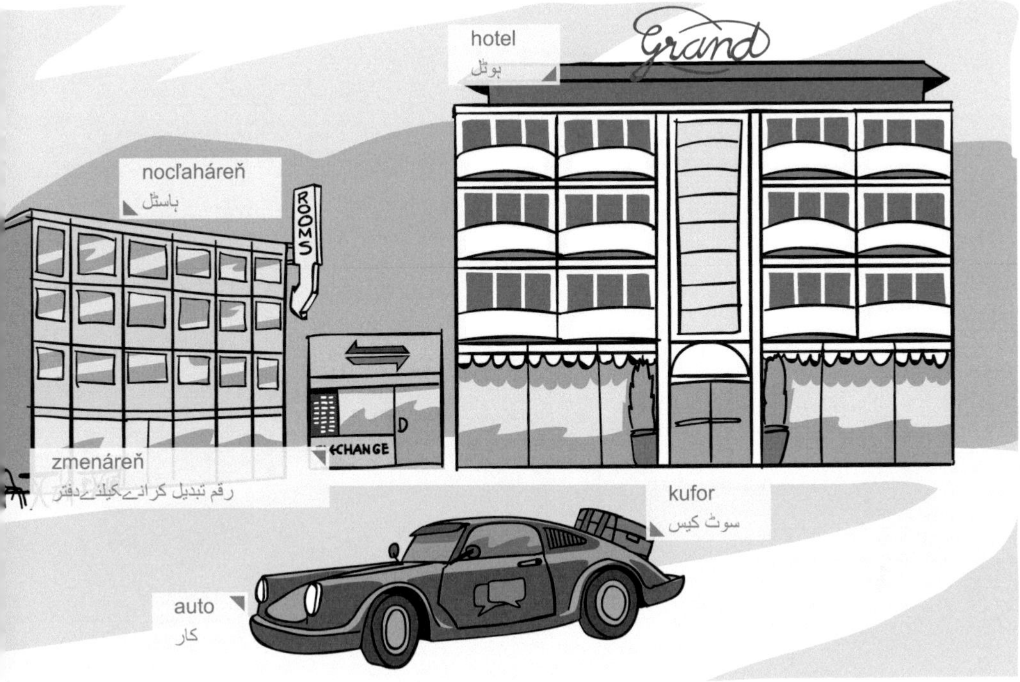

jazyk

زبان

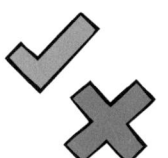

áno/nie

ہاں / نہیں

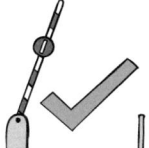

v poriadku

ٹھیک ہے

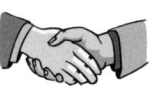

ahoj

ہیلو

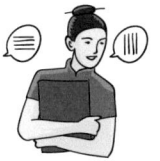

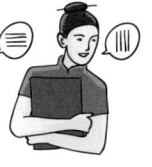

prekladateľ

مُترجم

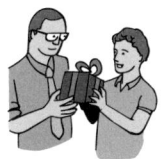

ďakujem

شُکریہ

Koľko stojí ... ?

؟ ... کی کیا قیمت ہے

Nerozumiem

میں نہیں سمجھتا

problém

مشکل

Dobrý večer!

شام بخیر!

Dobré ráno!

صبح بخیر!

Dobrú noc!

شب بخیر!

Dovidenia

الوداع

smer

سمت

batožina

سفری سامان

taška

بیگ

batoh

بیک پیگ

hosť

مہمان

izba

کمرہ

spacák

سلیپنگ بیگ

stan

ٹینٹ

informácie pre turistov

سياحوں كے لئے معلومات

pláž

ساحل

kreditná karta

كريڈٹ كارڈ

raňajky

ناشتہ

obed

لنچ

večera

ڈنر

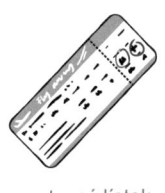

cestovný lístok

ٹكٹ

výťah

لفٹ

poštová známka

مہر

hranica

سرحد

clo

كسٹمز

veľvyslanectvo

سفارت خانہ

vízum

ويزا

cestovný pas

پاسپورٹ

doprava
نقل وحمل

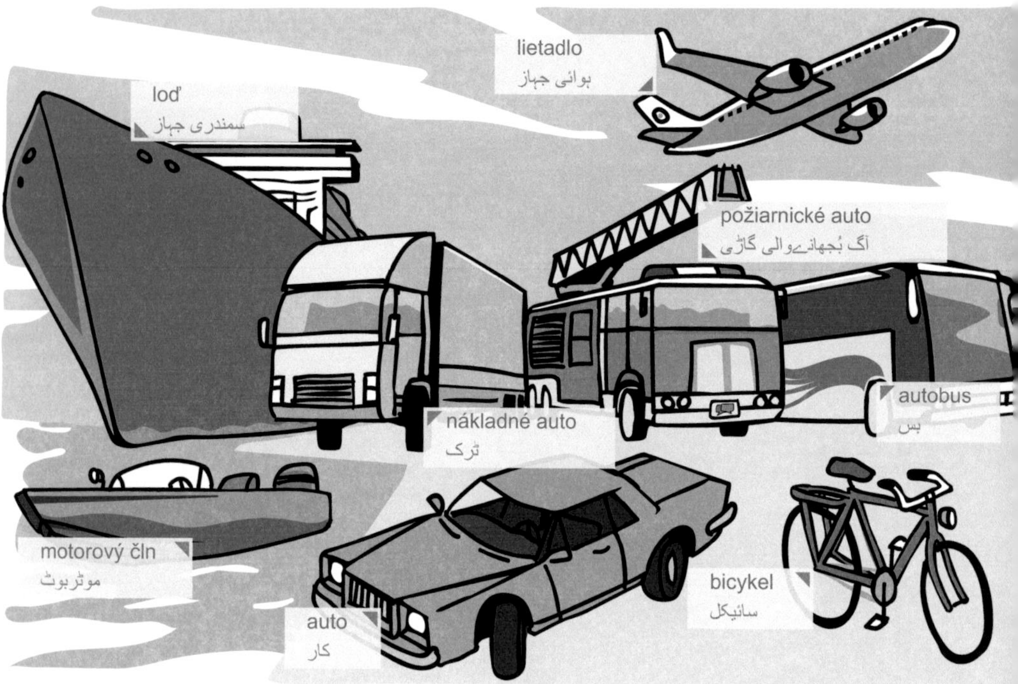
lietadlo
ہوائی جہاز
loď
سمندری جہاز
požiarnické auto
آگ بُجھانےوالی گاڑی
nákladné auto
ٹرک
autobus
بس
motorový čln
موٹربوٹ
bicykel
سائیکل
auto
کار

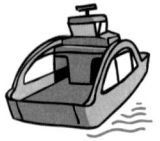

trajekt

فیری

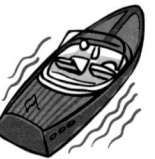

loď

کشتی

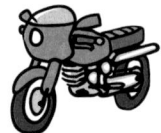

motorka

موٹرسائیکل

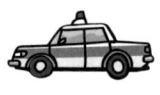

policajné auto

پولیس کار

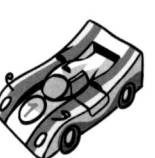

pretekárske auto

ریسنگ کار

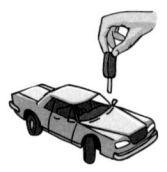

vozidlo z požičovne

کرایہ پرکار

carsharing

کار کا اشتراک کرنا

odťahové auto

کھینچنے والا ٹرک

smetiarske auto

کوڑے والا ٹرک

motor

کار

benzín

ایندھن

čerpacia stanica

پٹرول اسٹیشن

dopravná značka

ٹریفک کے نشانات

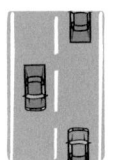

premávka

ٹریفک

zápcha

ٹریفک جام

parkovisko

کار پارک

vlaková stanica

ٹرین اسٹیشن

trate

پٹڑیاں

vlak

ٹرین

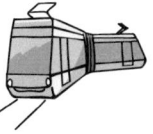

električka

ٹرام

vagón

ویگن

helikoptéra

بیلی کاپٹر

letisko

ائرپورٹ

veža

ٹاور

pasažier

مسافر

kontajner

کنٹینر

kartón

ڈبہ

vozík

ریڑھا

kôš

ٹوکری

štartovať / pristáť

اڑان بھرنا / زمین پر اترنا

mesto

شہر

dedina

گاؤں

centrum mesta

سٹی سنٹر

dom

مکان

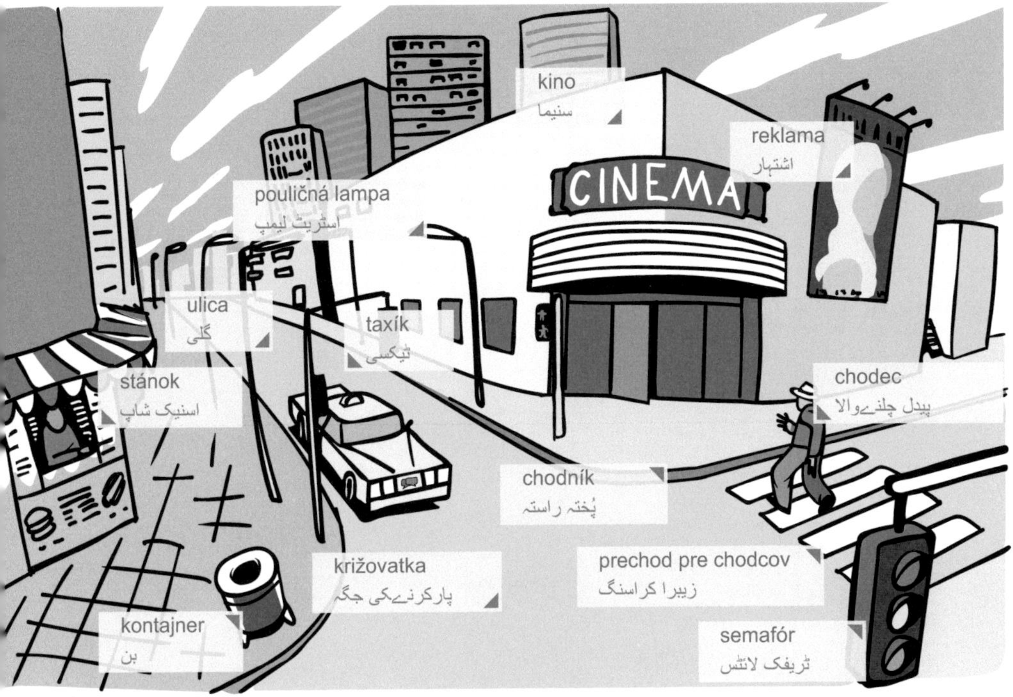

kino
سنیما
reklama
اشتہار
CINEMA
pouličná lampa
اسٹریٹ لیمپ
ulica
گلی
taxík
ٹیکسی
stánok
اسنیک شاپ
chodec
پیدل چلنےوالا
chodník
پُختہ راستہ
križovatka
پارکرنےکی جگہ
prechod pre chodcov
زیبرا کراسنگ
kontajner
بن
semafór
ٹریفک لائٹس

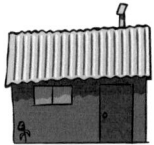

chata

ہٹ

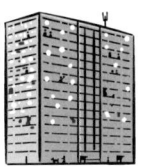

byt

فلیٹ

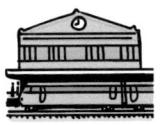

vlaková stanica

ٹرین اسٹیشن

radnica

ٹاؤن ہال

MUSEUM

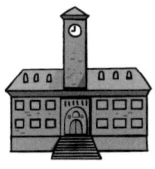

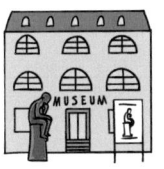

múzeum

عجائب گھر

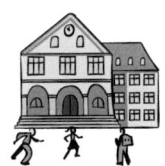

škola

اسکول

univerzita

یونیورسٹی

banka

بینک

nemocnica

ہسپتال

hotel

ہوٹل

lekáreň

فارمیسی

kancelária

دفتر

kníhkupectvo

کتابوں کی دکان

obchod

دکان

kvetinárstvo

پھولوں کی دُکان

supermarket

سُپرمارکیٹ

trh

مارکیٹ

obchodný dom

ڈیپارٹمنٹ سٹور

obchodník s rybami

مچھلی کی دُکان

nákupné stredisko

شاپنگ سنٹر

prístav

بندرگاہ

park

پارک

lavička

بنچ

most

پُل

schody

سیڑھیاں

metro

انڈرگراؤنڈ

tunel

سُرنگ

autobusová zastávka

بس اسٹاپ

bar

شراب خانہ

reštaurácia

ریستّورنٹ

poštová schránka

پوسٹ باکس

tabuľa s názvom ulice

اسٹریٹ سائن

parkovacie hodiny

پارکنگ میٹر

ZOO

چڑیا گھر

plaváreň

سوئمنگ پول

mešita

مسجد

farma

کھیت

znečisťovanie životného prostredia

آلودگی

cintorín

قبرستان

kostol

چرچ

ihrisko

کھیل کا میدان

chrám

مندر

terén

منظر

list
پتہ

smerová tabuľa
رہنمائی کے لئے لگا ہوا بورڈ

cesta
راستہ

lúka
سبزہ زار

kameň
پتھر

turista
پیدل چلنے والا، بانکر

strom
درخت

rieka
دریا

tráva
گھاس

kvet
پھول

dolina

وادی

kopec

پہاڑی

jazero

جھیل

les

جنگل

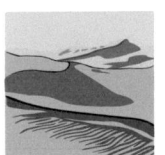

púšť

صحرا

vulkán

آتش فشاں

zámok

قلعہ

dúha

قوس قزح

hríb

کھمبی

palma

کجھور کا درخت

komár

مچھر

mucha

مکھی

mravec

چیونٹی

včela

مکھی

pavúk

مکڑا

chrobák

بھونرا

žaba

مینڈک

veverička

گلہری

jež

خارپُشت

zajac

خرگوش

sova

الو

vták

پرندہ

labuť

راج ہنس

diviak

سؤر

jeleň

بِرن

los

امریکی بارہ سنگھا

hrádza

ڈیم

veterná turbína

ہوا سےچلنےوالی ٹربائنین

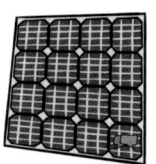

solárny panel

سولر پینل

podnebie

أب وہوا

reštaurácia

ریسٹورنٹ

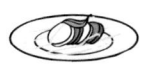

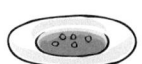

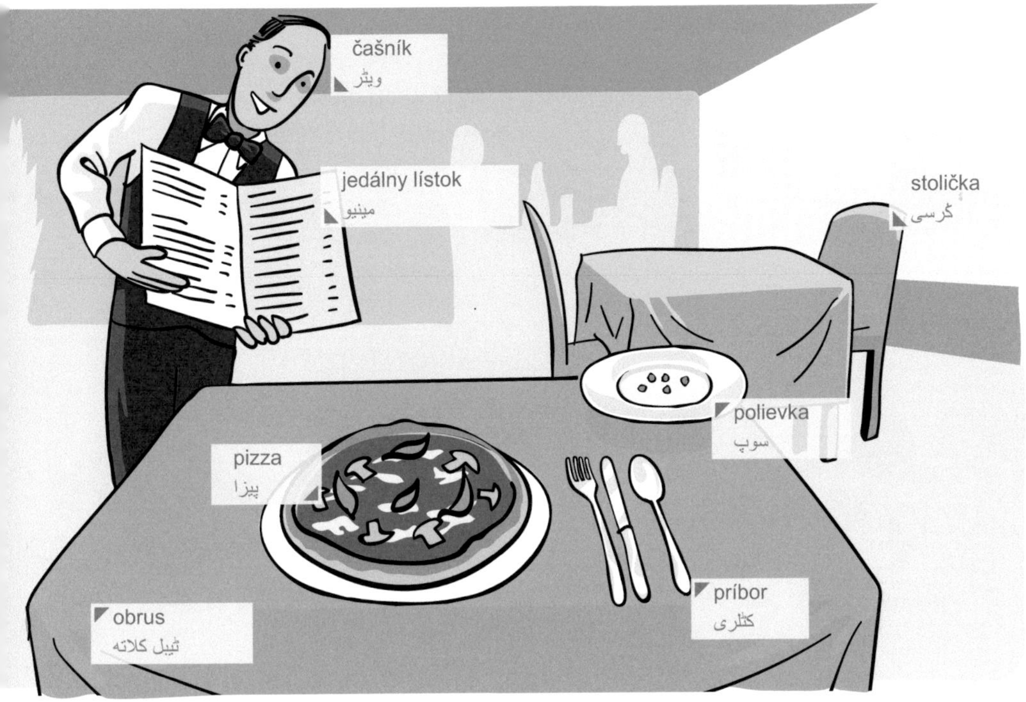
čašník
ویٹر
jedálny lístok
مینیو
stolička
کرسی
polievka
سوپ
pizza
پیزا
príbor
کٹلری
obrus
ٹیبل کلاتھ

predjedlo

استارٹر

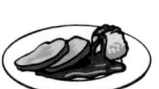

hlavné jedlo

مین کورس

zákusok

ڈیزرٹ

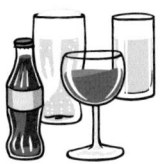

nápoje

مشروبات

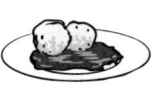

jedlo

کھانے کی اشیاء

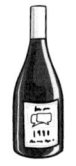

fľaša

بوتل

fast-food

فاسٹ فوڈ

street food

اسٹریٹ فوڈ

kanvica na čaj

چائےدانی

cukornička

شوگرباکس

porcia

حصہ

stroj na espresso

ایسپریسو مشین

detská stolička

اونچی کرسی

účet

بل

podnos

ٹرے

nôž

چھری

vidlička

کانتا

lyžica

چمچ

čajová lyžička

چائےکا چمچ

obrúsok

سروپئیٹی

pohár

شیشہ

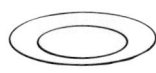

tanier

پلیٹ

hlboký tanier

سوپ پلیٹ

podšálka

طشتری

omáčka

چٹنی

soľnička

سالٹ شیکر

mlynček na korenie

پیپرمل

ocot

سرکہ

olej

خوردنی تیل

korenie

مصالحے

kečup

کیچپ

horčica

سرسوں

majonéza

میئونیز

supermarket
سُپرمارکیٹ

špeciálna ponuka
خصوصی پیشکش
FOR
klient
گاہک
mliečne výrobky
ڈیری
ovocie
پھل
nákupný vozík
ٹرالی

BUTCHERS

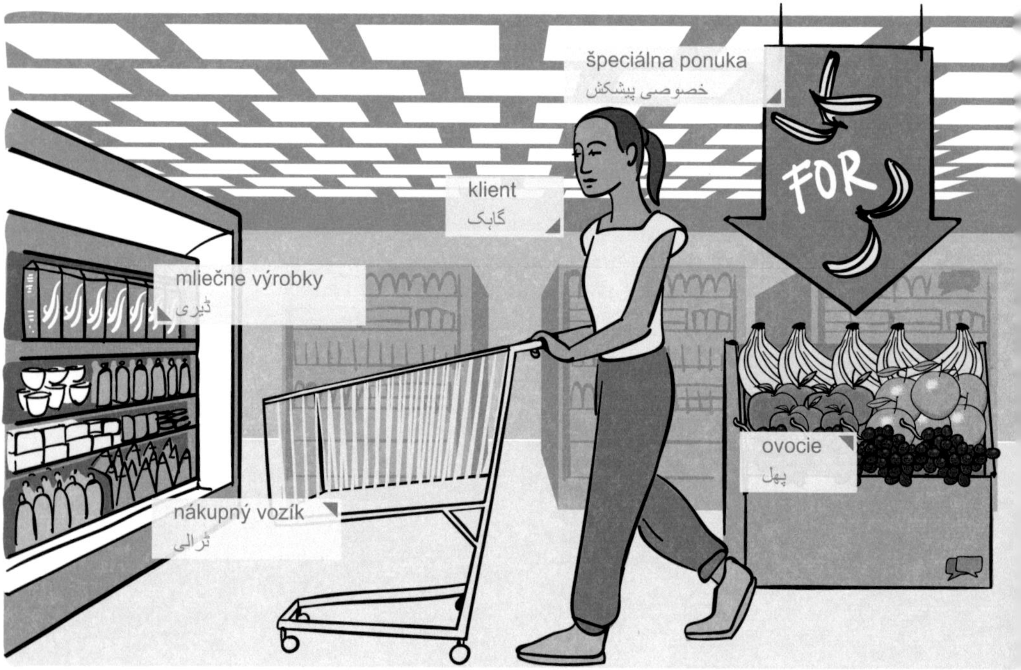

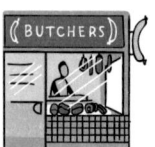

mäsiarstvo

گوشت کی دُکان

BAKERY

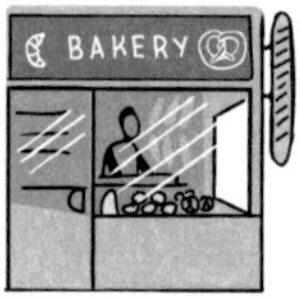

pekáreň

بیکری

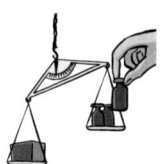

vážiť

وزن کرنا

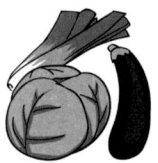

zelenina

سبزیاں

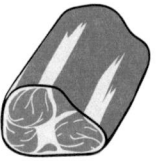

mäso

گوشت

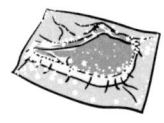

mrazené potraviny

جما ہوا کھانا

nárez

کولڈ کٹس

konzervy

ڈبے میں بند کھانا

prací prostriedok

واشنگ پاؤڈر

sladkosti

مٹھائیاں

domáce potreby

گھریلو مصنوعات

čistiace prostriedky

صاف کرنے کیلئے مصنوعات

predavačka

سیلزپرسن

pokladňa

کیش رجسٹر

pokladník

کیشنیر

nákupný zoznam

خریداری کی فہرست

otváracie hodiny

اوقات کار

peňaženka

بٹوہ

kreditná karta

کریڈٹ کارڈ

taška

تھیلا

plastové vrecko

پلاسٹک کے تھیلے

voda

پانی

džús

جوس، رس

mlieko

دودھ

kola

کوک

víno

وائن

pivo

بیئر

alkohol

الکوحل

kakao

کوکوأ

čaj

چائے

káva

کافی

espresso

ایسپریسو

kapučíno

کپاچینو

banán

کیلا

jablko

سیب

pomaranč

مالٹا

melón

خربوزہ

citrón

لیموں

mrkva

گاجر

cesnak

لہسن

bambus

بانس

cibuľa

پیاز

hríb

کھمبی

orechy

اخروٹ، بادام وغیرہ

rezance

نوڈلز

špagety

اسپیگیٹی

ryža

چاول

šalát

سلاد

hranolky

چپس

pečené zemiaky

تلے گئے آلو

pizza

پیزا

hamburger

بیم برگر

obložený chlebík

سینڈوچ

rezeň

کٹلیٹ

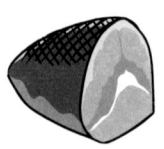

šunka

سؤرکی ران کا گوشت

saláma

گوشت کی اطالوی ساسیج

klobása

ساسیج

kurča

مُرغی

pečené mäso

روسٹ

ryba

مچھلی

کھانے کی اشیاء - jedlo

ovsené vločky

جئی کا دلیہ

müsli

میوزلی

kukuričné lupienky

کارن فلیکس

múka

آٹا

croissant

کرونیسنٹ

pečivo

بریڈ رول

chlieb

بریڈ

hrianka

ٹوسٹ

sušienky

بسکٹ

maslo

مکھن

tvaroh

دہی

koláč

کیک

vajce

انڈا

volské oko

فرائی کیا گیا انڈہ

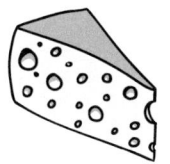

syr

پنیر

zmrzlina

آئس کریم

cukor

چینی

med

شہد

lekvár

جام

nugátová nátierka

ناؤگٹ کریم

karí korenie

سالن

farma

کھیت

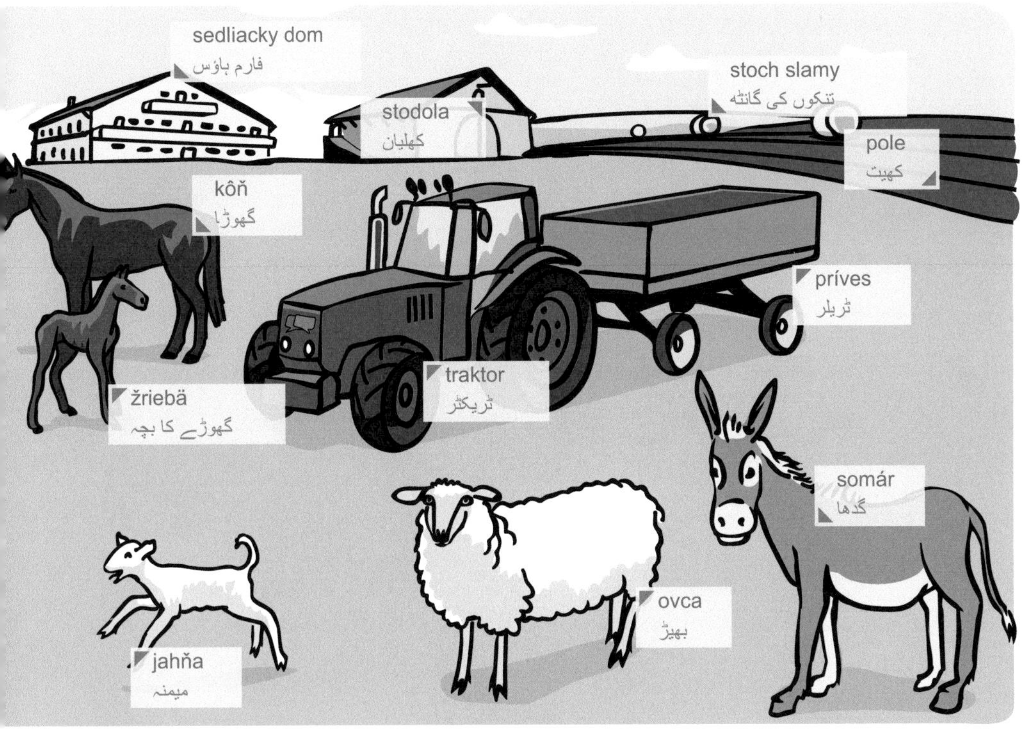
sedliacky dom
فارم ہاؤس
stoch slamy
تنکوں کی گانٹھ
stodola
کھلیان
pole
کھیت
kôň
گھوڑا
príves
ٹریلر
traktor
ٹریکٹر
žriebä
گھوڑے کا بچہ
somár
گدھا
ovca
بھیڑ
jahňa
میمنہ

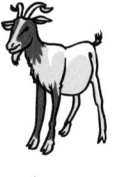

koza

بکری

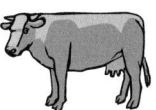

krava

گائے

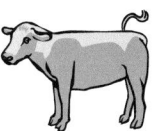

teľa

بچھڑا

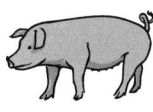

prasa

سؤر

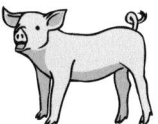

prasiatko

سؤر کا بچہ

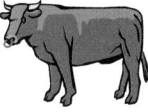

býk

سانڈ

hus

راج ہنس

kačica

بطخ

kuriatko

چوزہ

sliepka

مُرغی

kohút

مُرغا

potkan

چوہا

mačka

بلی

myš

چوہا

vôl

بیلچہ

pes

کُتا

psia búda

کُتے کا گھر

záhradná hadica

گارڈن ہاؤس

krhla

پانی کا کین

kosa

درانتی

pluh

ہل

farma - کھیت

kosák

درانتی

motyka

بیلچہ

vidly na hnoj

ترنگل

sekera

کلہاڑا

fúrik

ہتھ گاڑی

koryto

حوض

kanva na mlieko

دودھ کا کین

vrece

تھیلا

plot

باڑ

maštaľ

اصطبل

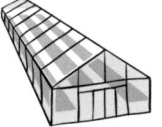

skleník

گرین ہاؤس

pôda

مٹی

osivo

بیج

hnojivo

فرٹیلائزر

kombajn

کمبائن ہارویسٹر

žať

فصل کاٹنا

žatva

فصل کاٹنا

batát

افریقی آلو

pšenica

گندم

sója

سویا

zemiak

آلو

kukurica

مکئی

repka

توریا کا تیل

ovocný strom

پھلداردرخت

maniok

کساوا

obilie

دلیہ

dom
مکان

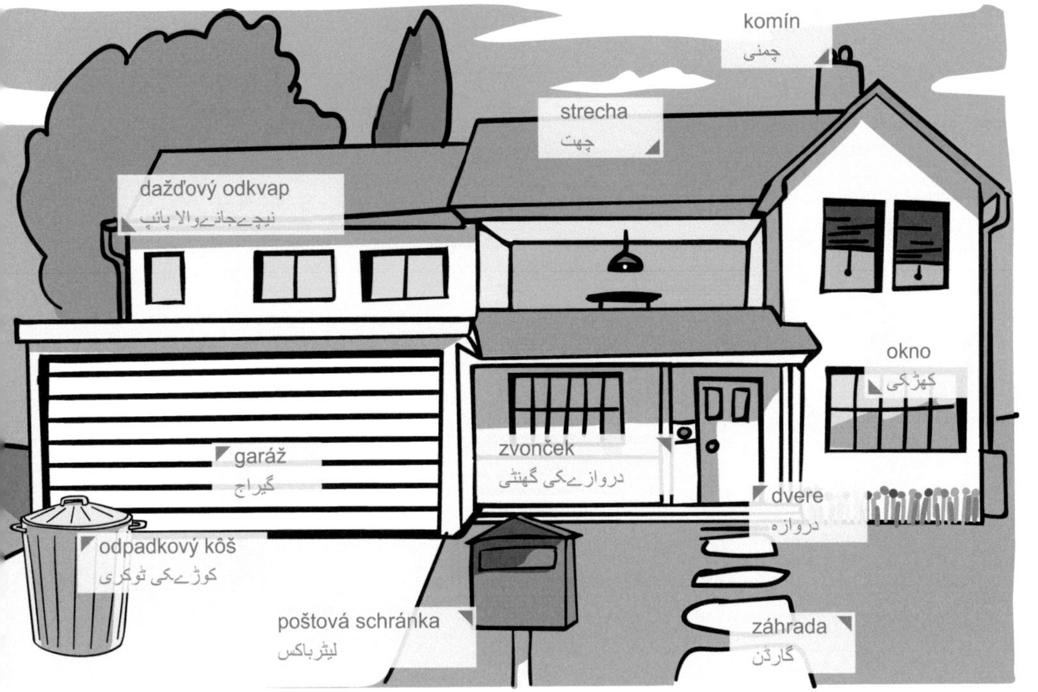
komín
چمنی
strecha
چھت
dažďový odkvap
نیچےجانےوالا پائپ
okno
کھڑکی
zvonček
دروازےکی گھنٹی
garáž
گیراج
dvere
دروازہ
odpadkový kôš
کوڑےکی ٹوکری
poštová schránka
لیٹرباکس
záhrada
گارڈن

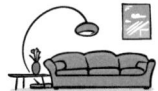

obývačka

لوونگ روم

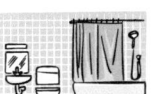

kúpeľňa

غُسل خانہ

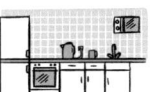

kuchyňa

باورچی خانہ

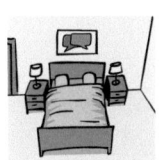

spálňa

بیڈروم

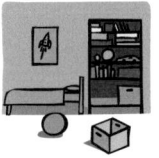

detská izba

بچوں کا کمرہ

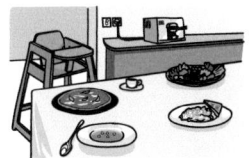

jedáleň

کھانےکا کمرہ

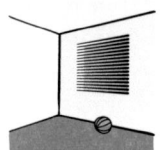

podlaha

فرش

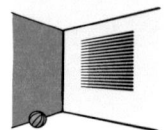

stena

دیوار

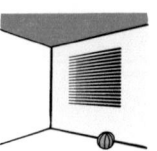

strop

چهت

pivnica

تَه خانه

sauna

سوانا

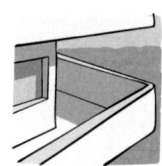

balkón

بالکونی

terasa

ٹیریس

bazén

پول

kosačka

گھاس کاٹنےکی مشین

obliečka

چادر

posteľná prikrývka

چادر

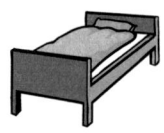

posteľ

بستر

metla

جھاڑو

vedro

بالٹی

vypínač

سونچ

obývačka

لوونگ روم

tapeta
وال پیپر
obraz
تصویر
lampa
لیمپ
regál
شیلف
skriňa
الماری
televízor
ٹیلی ویژن
kozub
آتش دان
kvet
پھول
vankúš
کُشن
pohovka
صوفہ
váza
گلدان
diaľkové ovládanie
ریموٹ کنٹرول

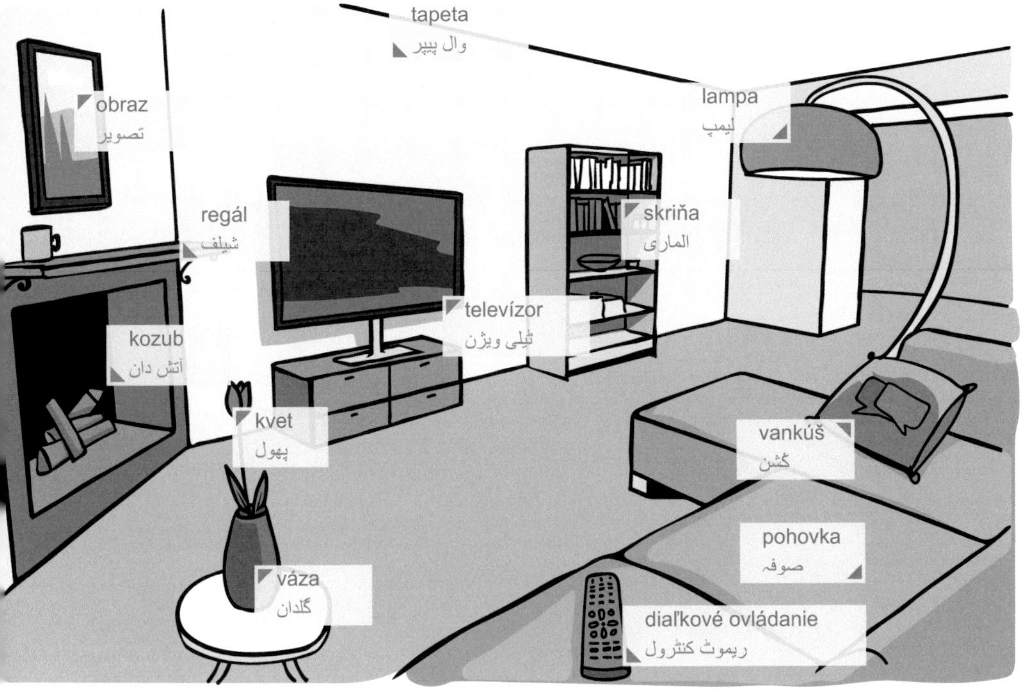

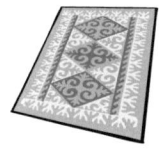

koberec
قالین

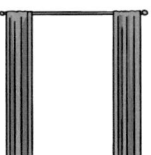

záclona
پردے

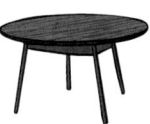

stôl
میز

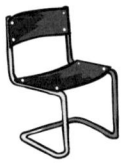

stolička
کُرسی

hojdacie kreslo
ہلنےوالی کُرسی

kreslo
آرام کُرسی

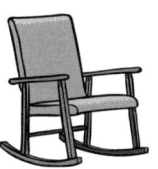

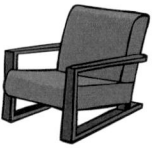

kniha

کتاب

prikrývka

کمبل

dekorácia

آرائش

drevo na kúrenie

جلانے کی لکڑی

film

فلم

hi-fi veža

ہائی فائی

kľúč

چابی

noviny

اخبار

maľba

پینٹنگ

plagát

پوسٹر

rádio

ریڈیو

zápisník

نوٹ بُک

vysávač

ویکیوم کلینر

kaktus

کیکٹس

sviečka

موم بتی

kuchyňa
باورچی خانہ

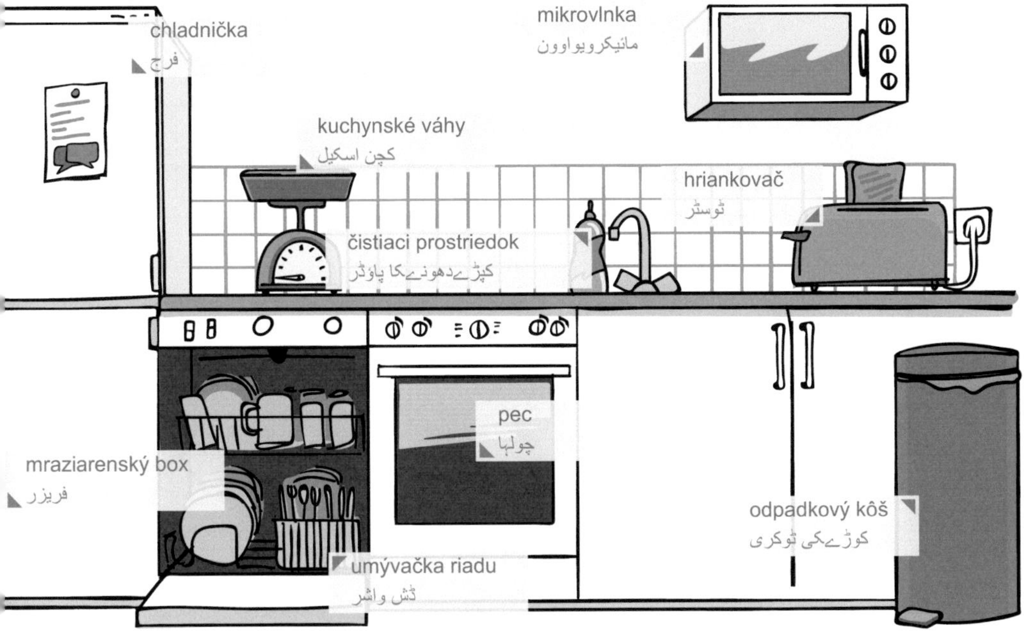
chladnička
فرج
mikrovlnka
مائیکروویواوون
kuchynské váhy
کچن اسکیل
hriankovač
ٹوسٹر
čistiaci prostriedok
کپڑےدھونےکا پاؤڈر
pec
چولہا
mraziarenský box
فریزر
odpadkový kôš
کوڑےکی ٹوکری
umývačka riadu
ڈش واشر

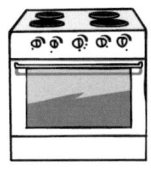

sporák
ککر

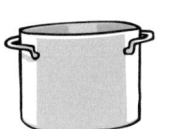

hrniec
برتن

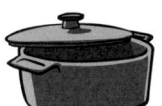

železný hrniec
لوہےکا برتن

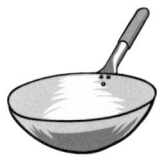

wok / kadai
کڑاہی

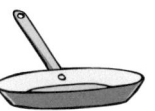

panvica
برتن

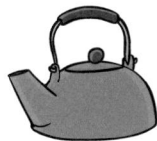

rýchlovarná kanvica
کیتلی

parný hrniec

اسٹیمر

plech na pečenie

بیکنگ ٹرے

riad

کراکری

pohár

مگ

misa

پیالہ

paličky

چاپ اسٹکس

naberačka na polievku

ڈونی

stierka

کفچہ

metlička

جھاڑو دینا

cedidlo

مقطر

sitko

چھلنی

strúhadlo

گریٹر

mažiar

کونڈی

gril

باربی کیو

ohnisko

کھُلی آگ

doska na krájanie

چاپنگ بورڈ

valček na cesto

بیلن

vývrtka

کارک اسکریو

konzerva

کین

otvárač na konzervy

کین اوپنر

chňapka

برتن پکڑنےوالا کپڑا

výlevka

سنک

kefa

برش

hubka

اسپونج

mixér

بلینڈر

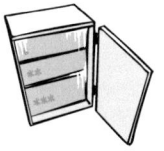

mraznička

ڈیپ فریز

kojenecká fľaša

بچےکی بوتل

vodovodný kohútik

ٹونٹی

kúpeľňa

غُسل خانہ

kúrenie
ہیٹنگ
uterák
تولیہ
sprcha
شاور
sprchový záves
شاور کرٹن
pena do kúpeľa
ببل باتھ
vaňa
باتھ ٹب
práčka
واشنگ مشین
dlaždice
ٹائلیں
vodovodný kohútik
ٹونٹی
pohár
شیشہ
nočník
پاٹی
výlevka
سنک

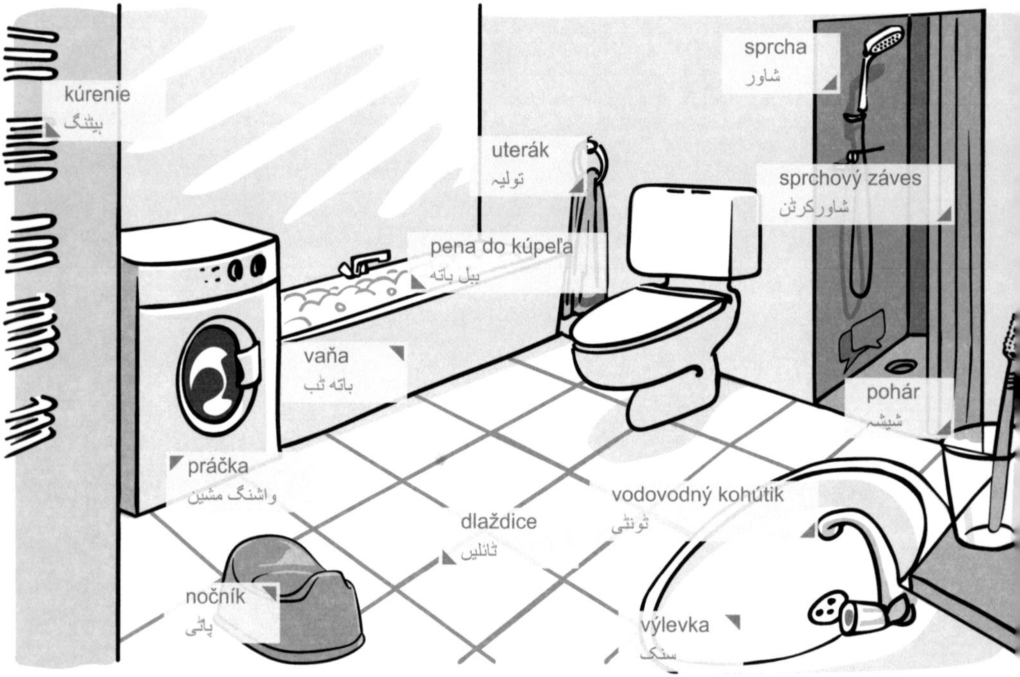

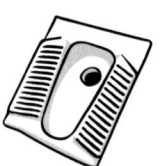

záchod

ٹائلٹ

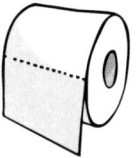

suchý záchod

دوزانوں بیٹھنے والی ٹائلٹ

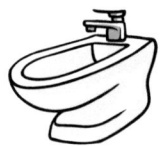

bidet

نچلا حصہ دھونے کیلئے پاٹ

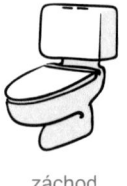

pisoár

پیشاب گاہ

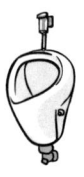

toaletný papier

ٹائلٹ پیپر

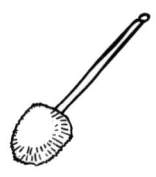

záchodová kefa

ٹائلٹ برش

zubná kefka

ٹوته برش

zubná pasta

ٹوته پیسٹ

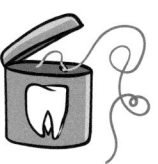

dentálna niť

ڈینٹل فلاس

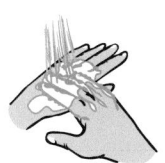

umývať

دهونا

ručná sprcha

بینڈ شاور

sprcha pre intímnu hygienu

شاور

umývadlo

بیسن

kefa na chrbát

بیک برش

mydlo

صابن

sprchový gél

شاورجل

šampón

شیمپو

frotírová rukavica

فلالین

odtok

ڈرین

krém

کریم

dezodorant

ڈیوڈورنٹ

zrkadlo

آئینہ

kozmetické zrkadlo

ہاتھ میں پکڑا جانےوالا آئینہ

žiletka

ریزر

pena na holenie

شیونگ فوم

voda po holení

آفٹر شیو

hrebeň

کنگھی

kefa

برش

sušič vlasov

ہیئر ڈرائر

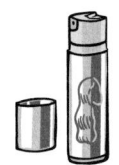

sprej na vlasy

ہیئر اسپرے

make-up

میک اپ

rúž

لپ اسٹک

lak na nechty

نیل وارنش

vata

روئی

nožnice na nechty

ناخن کاٹنےکی قینچی

parfum

پرفیوم

kozmetická taška

واش بيگ

stolček

پاخانہ

váha

وزن کرنےکی مشین

kúpací plášť

باتھ روب

gumové rukavice

ربڑکےدستانے

tampón

ٹیمپون

menštruačná vložka

سینیٹری تاول

chemické WC

کیمیکل ٹائلٹ

detská izba
بچوں کا کمرہ

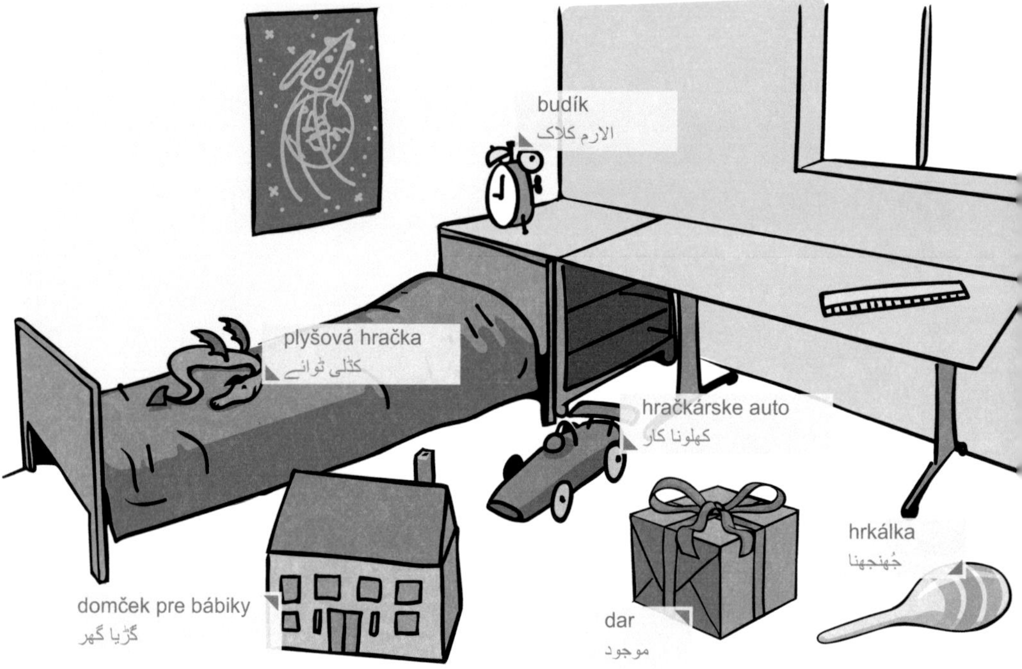

budík
الارم کلاک
plyšová hračka
کڈلی ٹوائے
hračkárske auto
کھلونا کار
hrkálka
جُھنجھنا
domček pre bábiky
گڑیا گھر
dar
موجود

balón
غبارہ

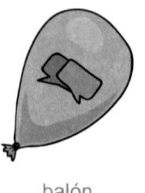

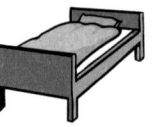

posteľ
بستر

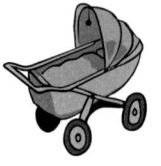

detský kočík
پرام

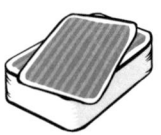

karty
ڈیک آف کارڈز

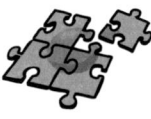

puzzle
جگسا

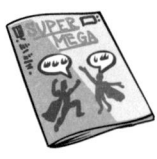

komix
کامک

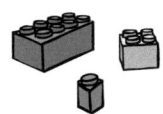

skladačka lego

لیگو بریکس

stavebnica

کھلونا بلاکس

akčná postavička

ایکشن فگر

dupačky

بچے کا لباس

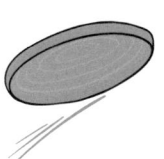

lietajúci tanier

فرسبی

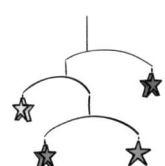

závesné hračky

کھلونا موبائل

stolová hra

بورڈ گیم

kocka

ڈائس

modelový vláčik

ماڈل ٹرین سیٹ

cumlík

ڈمی

párty

پارٹی

obrázková kniha

تصاویر والی کتاب

lopta

گیند

bábika

گڑیا

hrať sa

کھیلنا

pieskovisko

سینڈ پٹ

hojdačka

جھولا جھولنا

hračky

کھلونے

hracia konzola

وڈیوگیم کنسول

trojkolka

تین پہیوں والی سائیکل

medvedík

ٹیڈی بینر

šatník

کپڑوں کی الماری

šatstvo

ponožky

موزے

pančuchy

اسٹاکنگز

pančuchové nohavičky

ٹائٹس

šál
اسکارف

dáždnik
چھتری

tričko
ٹی شرٹ

opasok
بیلٹ

čižmy
بوٹ

papuče
سلیپر

tenisky
اسنیکرز

sandále
سینڈل

topánky
جوتے

gumáky
ربڑ کے بوٹس

spodky
زیرجامہ

podprsenka
بریزئیر

tielko
واسکٹ

body

جسم

nohavice

پتلون

džínsy

جینز

sukňa

اسکرٹ

blúzka

بلاؤز

košeľa

قمیض

pulóver

پُل اوور

sveter

سویٹر

blejzer

بلیزر

bunda

جیکٹ

kabát

کوٹ

pršiplášť

رین کوٹ

kostým

کونی خاص لباس

šaty

لباس

svadobné šaty

شادی کا لباس

oblek

سوٹ

nočná košeľa

نائٹ گاؤن

pyžamo

پانجامہ

sari

ساڑیی

šatka na hlavu

سرپرلیا جانےوالا اسکارف

turban

پگڑی

burka

بُرقع

kaftan

کفتان

abaja

عبایہ

dvojdielne plavky

تیراکی کا سوٹ

plavky

ٹرنک

šortky

نیکر

tepláková súprava

ٹریک سوٹ

zástera

اپرن

rukavice

دستانے

gombík

بٹن

okuliare

عینک

náramok

کنگن

retiazka

ہار

prsteň

انگوٹھی

náušnica

کانوں کی بالیاں

čiapka

ٹوپی

vešiak

کوٹ ہینگر

klobúk

ہیٹ

kravata

ٹائی

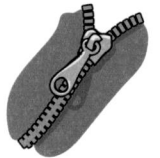

zips

زپ

prilba

ہیلمٹ

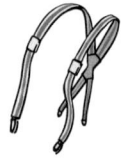

traky

بریسز

školská uniforma

سکول یونیفارم

uniforma

وردی

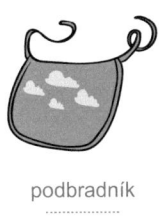

podbradník

بب

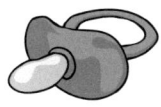

cumlík

ڈمی

plienka

نیپی

kancelária

دفتر

server
سرور
skriňa na spisy
فائلوں کی الماری
tlačiareň
پرنٹر
papier
کاغذ
monitor
مانیٹر
myš
ماؤس
písací stôl
میز
zakladač
فولڈر
klávesnica
کی بورڈ
kôš na papier
ویسٹ پیپرباسکٹ
počítač
کمپیوٹر
stolička
کُرسی

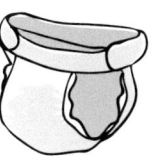

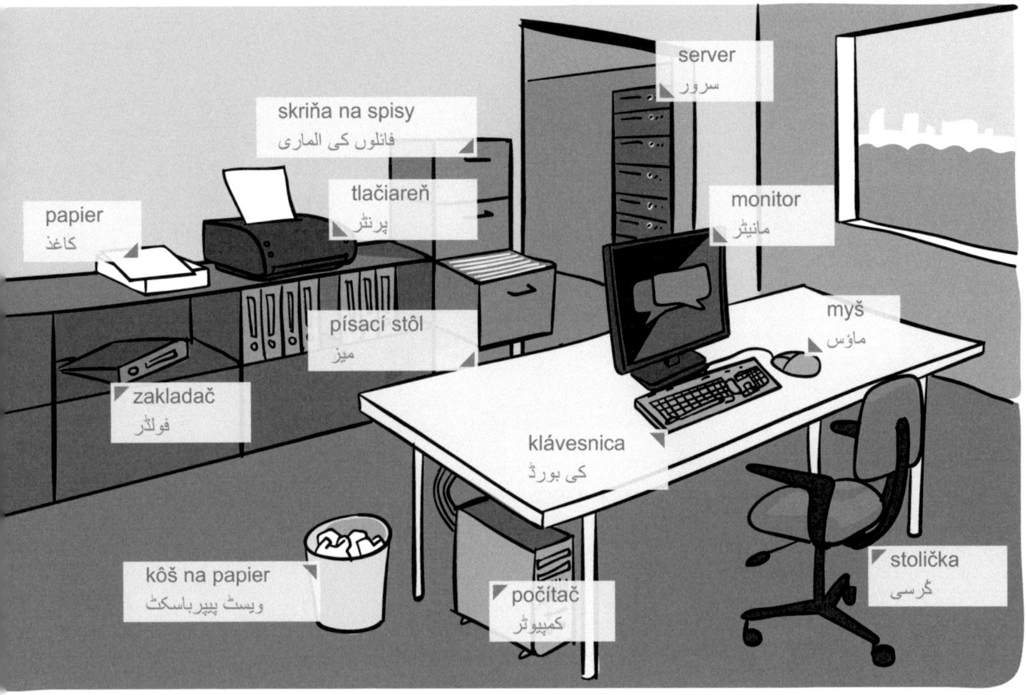

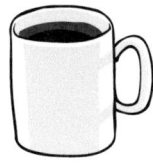

hrnček na kávu

کافی مگ

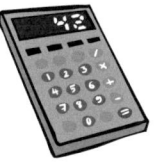

kalkulačka

کیلکولیٹر

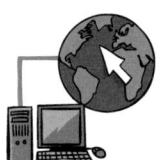

internet

انٹرنیٹ

laptop

لیپ تاپ

list

خط

správa

پیغام

mobil

موبائل

sieť

نیٹ ورک

kopírka

فوٹوکاپنیر

softvér

سافٹ ویئر

telefón

ٹیلی فون

elektrická zásuvka

پلگ ساکٹ

fax

فیکس مشین

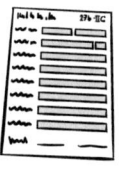

formulár

فارم

doklad

دستاویز

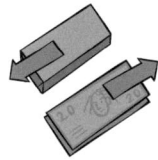

kúpiť

خریدنا

platiť

ادائیگی کرنا

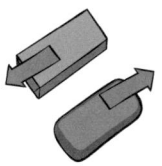

obchodovať

تجارت کرنا

peniaze

رقم

dolár

ڈالر

euro

یورو

jen

ین

rubeľ

روبل

švajčiarsky frank

سوئس فرانک

čínsky jüan

رینمینبی یوآن

rupia

روپیہ

bankomat

کیش پواننٹ

zmenáreň

رقم تبدیل کرانے کیلئے دفتر

zlato

سونا

striebro

چاندی

ropa

خام تیل

energia

توانائی

cena

قیمت

zmluva

معاہدہ

daň

ٹیکس

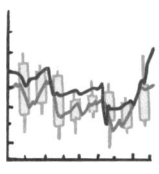

akcia

اسٹاک

pracovať

کام کرنا

zamestnanec

ملازم

zamestnávateľ

أجر

továreň

فیکٹری

obchod

دکان

povolania

پیشے

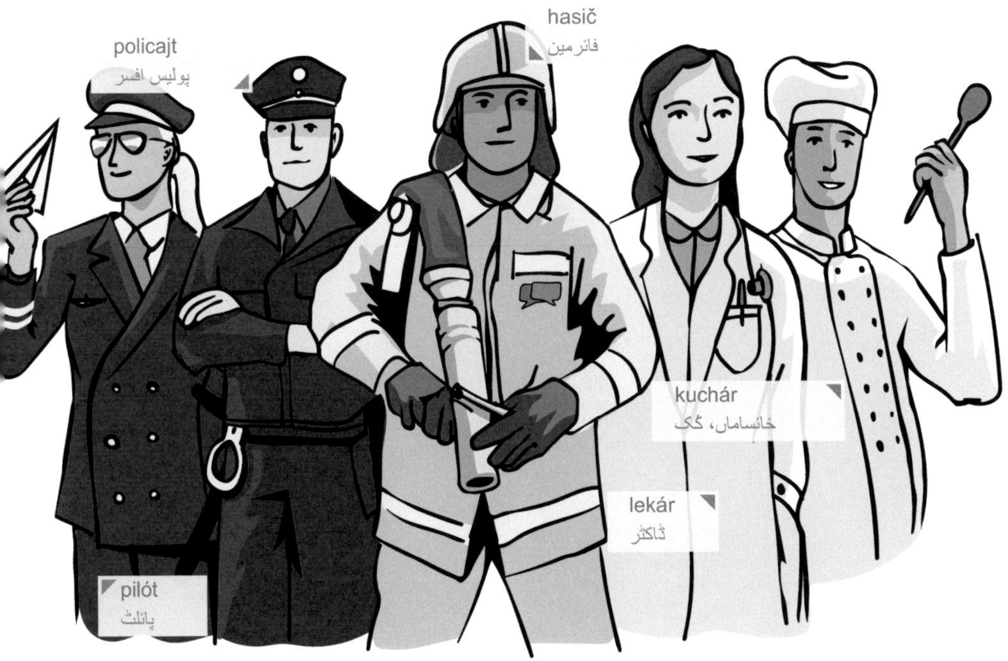
policajt
پولیس افسر
hasič
فائرمین
kuchár
خانساماں، کُک
lekár
ڈاکٹر
pilót
پائلٹ

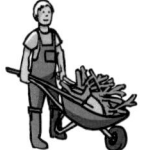

záhradník

مالی

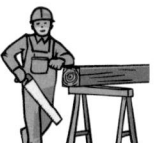

stolár

ترکھان

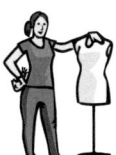

krajčírka

درزن

sudca

جج

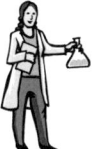

chemik

کیمسٹ

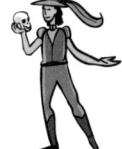

herec

اداکار

vodič autobusu

بس ڈرائیور

taxikár

ٹیکسی ڈرائیور

rybár

مچھیرا

upratovačka

صفائی کرنےوالی عورت

pokrývač

چھت بنانےوالا

čašník

ویٹر

poľovník

شکاری

maliar

پینٹر

pekár

بیکر

elektrikár

الیکٹریشین

stavebný robotník

بلڈر

inžinier

انجینیر

mäsiar

قصائی

klampiar

پلمبر

poštár

ڈاکیا

vojak

سپاہی

architekt

آرکیٹیکٹ

pokladník

کیشئیر

kvetinár

پھول بیچنےوالا

kaderník

نائی

sprievodca

کنڈکٹر

mechanik

مکینک

kapitán

کپتان

zubár

ڈینٹسٹ

vedec

سائنسدان

rabín

یہودی عالم

imám

امام

mních

راہب

farár

پادری

náradie

اوزار

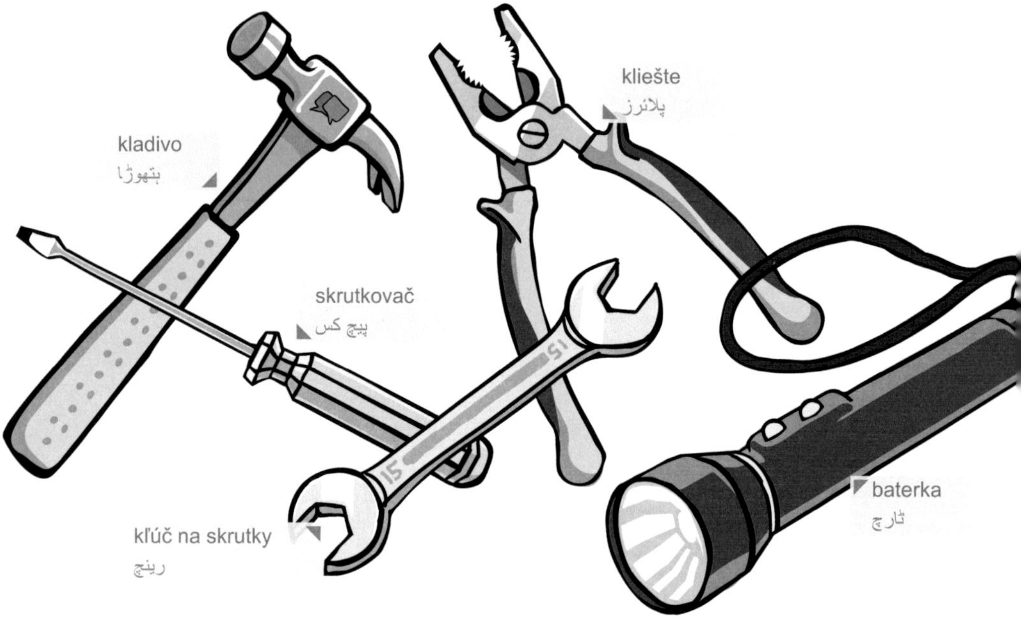
kladivo
ہتھوڑا
kliešte
پلائرز
skrutkovač
پیچ کس
kľúč na skrutky
رینچ
baterka
ٹارچ

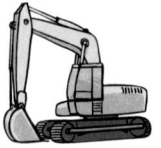

bager

ایکسکویٹر

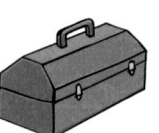

súprava náradia

ٹول باکس

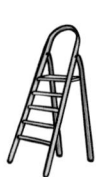

rebrík

سیڑھی

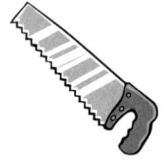

pílka

آری

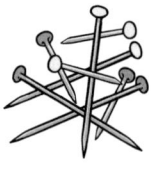

klince

کیل

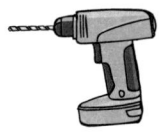

vrták

ڈرل

opraviť

مرمت کرنا

lopata

بیلچہ

Do čerta!

لعنت ہو!

lopatka na smeti

ٹسٹ پین

nádoba s farbou

پینٹ پاٹ

skrutky

پیچ

hudobné nástroje

آلات موسیقی

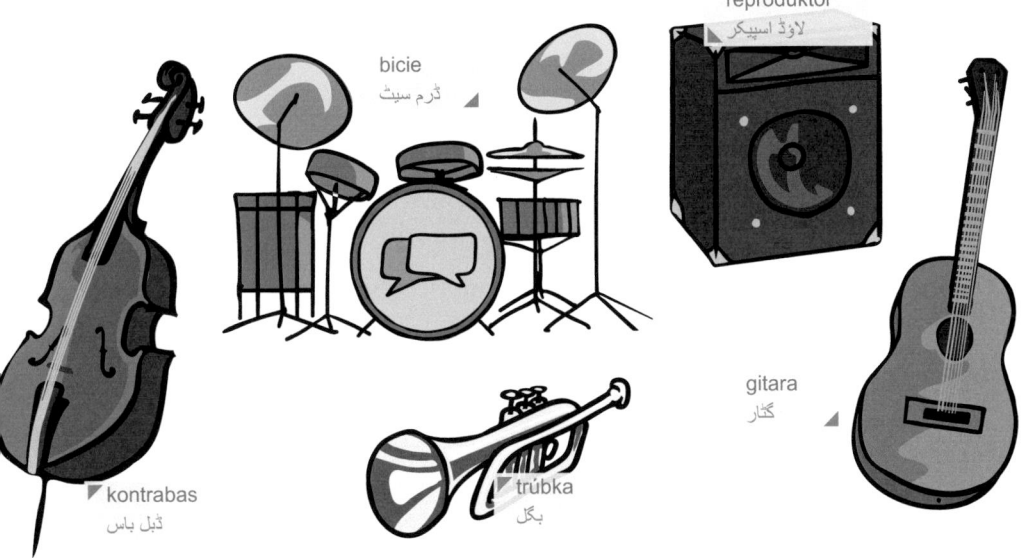

reproduktor
لاؤڈ اسپیکر

bicie
ڈرم سیٹ

gitara
گٹار

kontrabas
ڈبل باس

trúbka
بگل

klavír

پیانو

husle

وائلن

basa

موسیقی کی آواز

tympany

ٹمپانی

bubon

ڈھول، ڈرمز

klávesnica

کی بورڈ

saxofón

سیکسوفون

flauta

بانسری

mikrofón

مائیکروفون

ZOO
چڑیا گھر

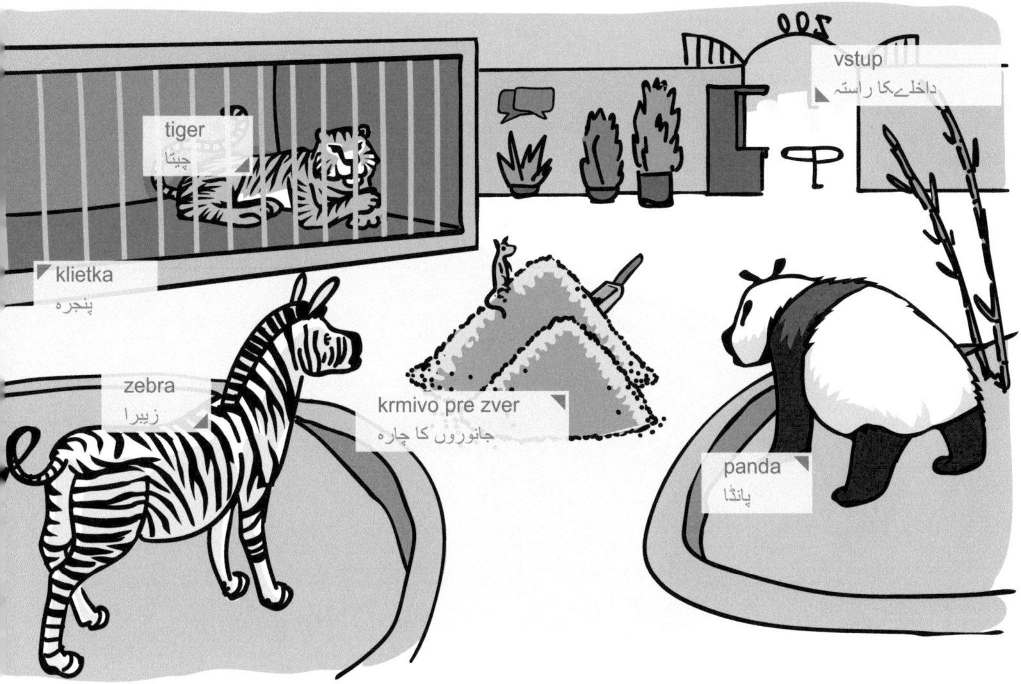
vstup
داخلےکا راستہ
tiger
چیتا
klietka
پنجرہ
zebra
زیبرا
krmivo pre zver
جانوروں کا چارہ
panda
پانڈا

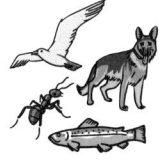

zvieratá

جانور

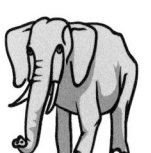

slon

ہاتھی

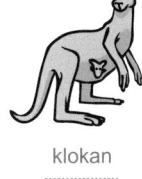

klokan

کینگرو

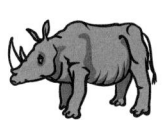

nosorožec

گینڈا

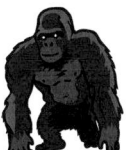

gorila

گوریلا

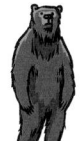

medveď

ریچھ

ťava

اونٹ

pštros

شُترمُرغ

lev

شیر

opica

بندر

plameniak

فلیمنگو

papagáj

طوطا

ľadový medveď

قطبی ریچھ

tučniak

کبوتر

žralok

شارک

páv

مور

had

سانپ

krokodíl

مگرمچھ

ošetrovateľ v ZOO

چڑیا گھر کا محافظ

tuleň

سیل

jaguár

امریکی تیندوا

poník

ٹٹو

leopard

چیتا

hroch

دریائی گھوڑا

žirafa

زراف

orol

عقاب

diviak

سؤر

ryba

مچھلی

korytnačka

کچھوا

mrož

سمندری گھوڑا

líška

لومڑی

gazela

غزال ہرن

americký futbal
امریکن فٹ بال

cyklistika
سائیکلنگ

tenis
ٹینس

basketbal
باسکٹ بال

plávanie
پیراکی

hokej
آئس ہاکی

box
باکسنگ

futbal
فٹ بال

bedminton
بیڈمنٹن

ľahká atletika
اتھلیٹکس

hádzaná
ہینڈ بال

lyžovanie
اسکیئنگ

pólo
پولو

očiť
چھلانگ لگانا

smiať sa
ہنسنا

objať
گلے لگانا

chodiť
چلنا

spievať
گانا

snívať
خواب دیکھنا

modliť sa
دُعا کرنا

pobozkať
چُومنا

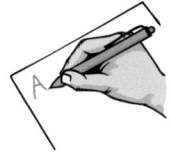

písať
لکھنا

kresliť
تصویرکشی کرنا

ukázať
دکھانا

tlačiť
آگے کی طرف دھکیلنا

dať
دینا

brať
لینا

mať

رکھنا

robiť

کرنا

byť

ہونا

stáť

کھڑا ہونا

bežať

دوڑنا

ťahať

کھینچنا

hádzať

پھینکنا

padnúť

گرنا

ležať

جھوٹ بولنا

čakať

انتظار کرنا

nosiť

اٹھانا

sedieť

بیٹھنا

obliecť sa

ملبوس ہونا

spať

سونا

zobudiť sa

جاگنا

pozerať

دیکھنا

plakať

رونا

hladkať

چوٹ لگانا

česať

کنگھی کرنا

hovoriť

بات کرنا

rozumieť

سمجھنا

pýtať sa

پوچھنا

počuť

مُتوجہ ہونا

piť

پینا

jesť

کھانا

upratať

صاف کرنا

milovať

پیارکرنا

variť

پکانا

jazdiť

گاڑی چلانا

letieť

اڑنا

plachtiť

بحری سفرکرنا

počítať

شمارکریں

čítať

پڑھنا

učiť sa

سیکھنا

pracovať

کام کرنا

oženiť

شادی کرنا

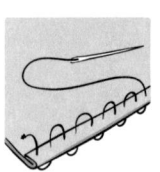

šiť

سینا

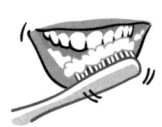

čistiť zuby

دانت صاف کرنا

zabiť

جان سےماردینا

fajčiť

تمباکونوشی کرنا

poslať

بھیجنا

rodina

خاندان

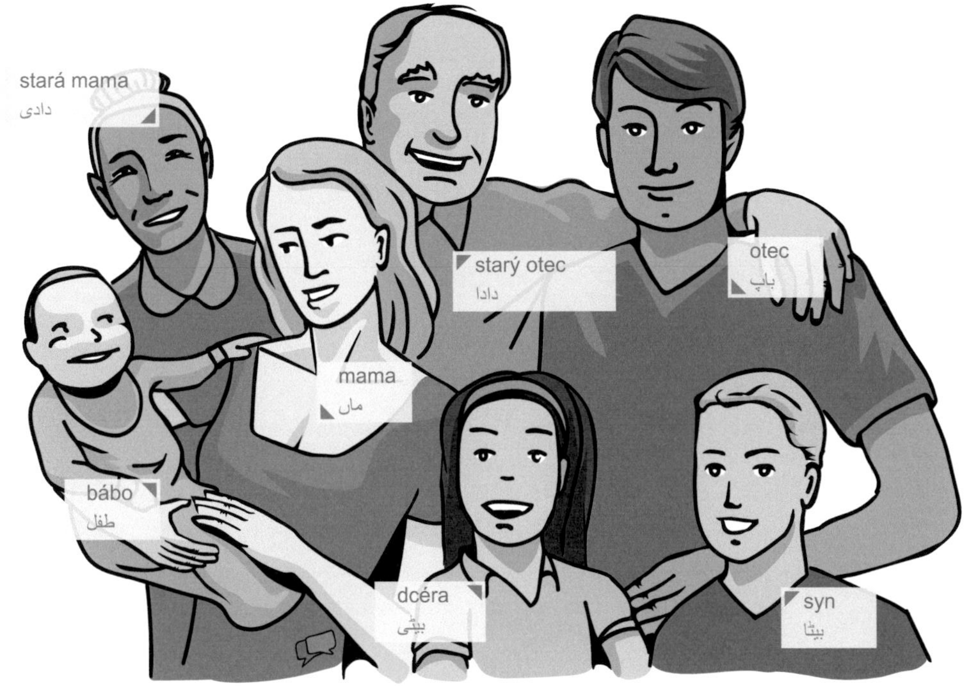

stará mama
دادی
starý otec
دادا
otec
باپ
mama
ماں
bábo
طفل
dcéra
بیٹی
syn
بیٹا

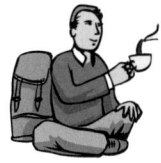

hosť

مہمان

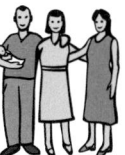

teta

چچی

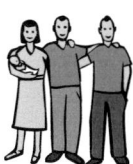

strýko

چچا

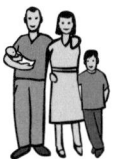

brat

بھائی

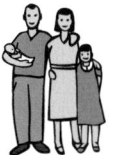

sestra

بہن

telo

جسم

čelo
ماتھا
oko
آنکھ
plece
کندھا
prst
اُنگلی
tvár
چہرہ
brada
ٹھوڑی
ruka
ہاتھ
noha
ٹانگ
hruď
چھاتی
rameno
بازو

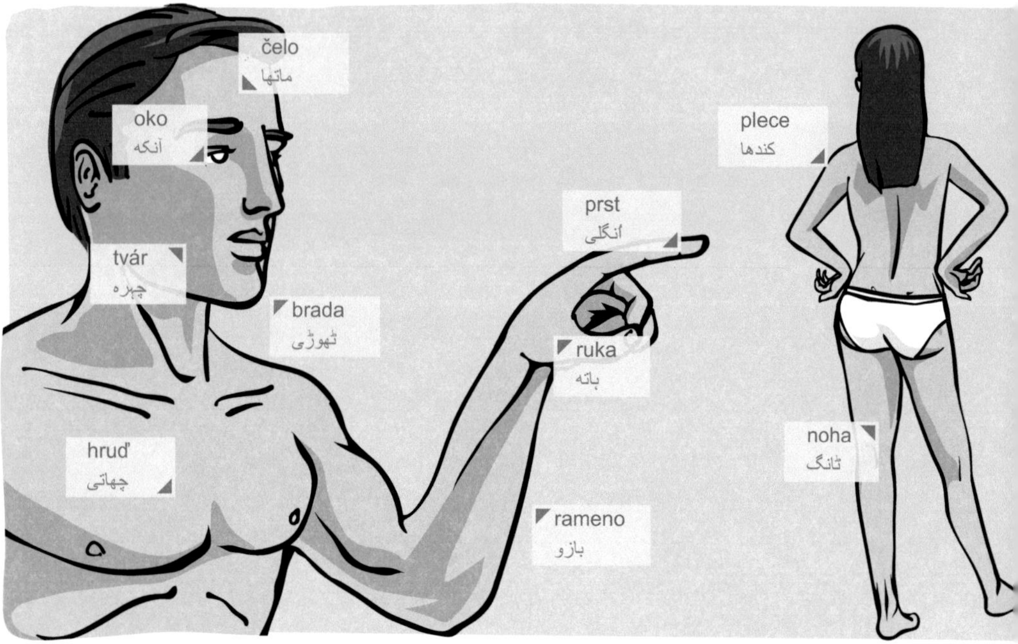

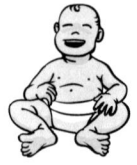

bábo

طفل

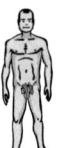

muž

آدمی

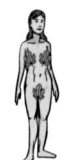

žena

عورت

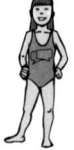

dievča

لڑکی

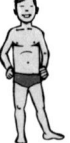

chlapec

لڑکا

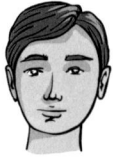

hlava

سر

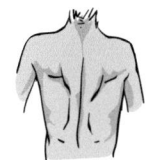

chrbát

کمر

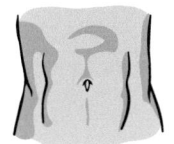

brucho

پیٹ

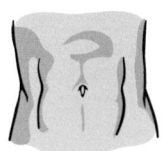

pupok

ناف

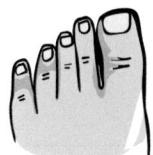

prst na nohe

پاؤں کا انگوٹھا

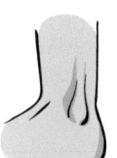

päta

ایڑھی

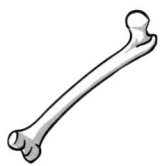

kosť

ہڈّی

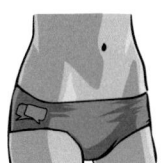

bok

کولہا

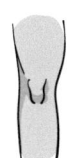

koleno

گھٹنا

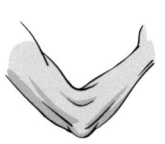

lakeť

کہنی

nos

ناک

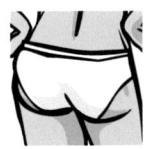

zadok

نچلا حصہ

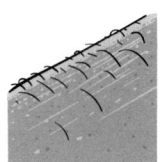

koža

جلد

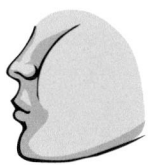

líce

گال

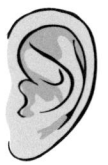

ucho

کان

pery

ہونٹ

ústa

مُنہ

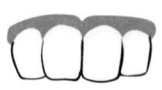

zub

دانت

jazyk

زبان

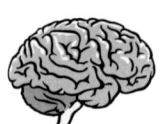

mozog

دماغ

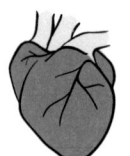

srdce

دل

svaly

پٹھہ

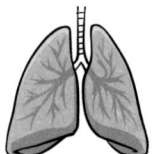

pľúca

پھیپھڑا

pečeň

جگر

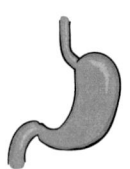

žalúdok

معدہ

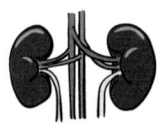

obličky

گردے

pohlavný styk

جنس

kondóm

کنڈوم

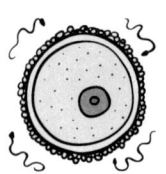

vaječná bunka

بیضہ

semeno

مادہ منویہ

tehotenstvo

حمل

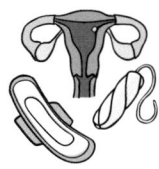

menštruácia

حيض

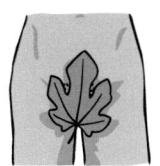

vagína

اندام نہانی

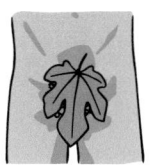

penis

عضو تناسلی

obočie

بھنویں

vlasy

بال

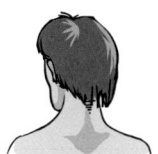

krk

گردن

nemocnica
ہسپتال

nemocnica
ہسپتال
sanitka
ایمبولینس
invalidný vozík
وہیل چیئر
zlomenina
ہڈی ٹوٹنا

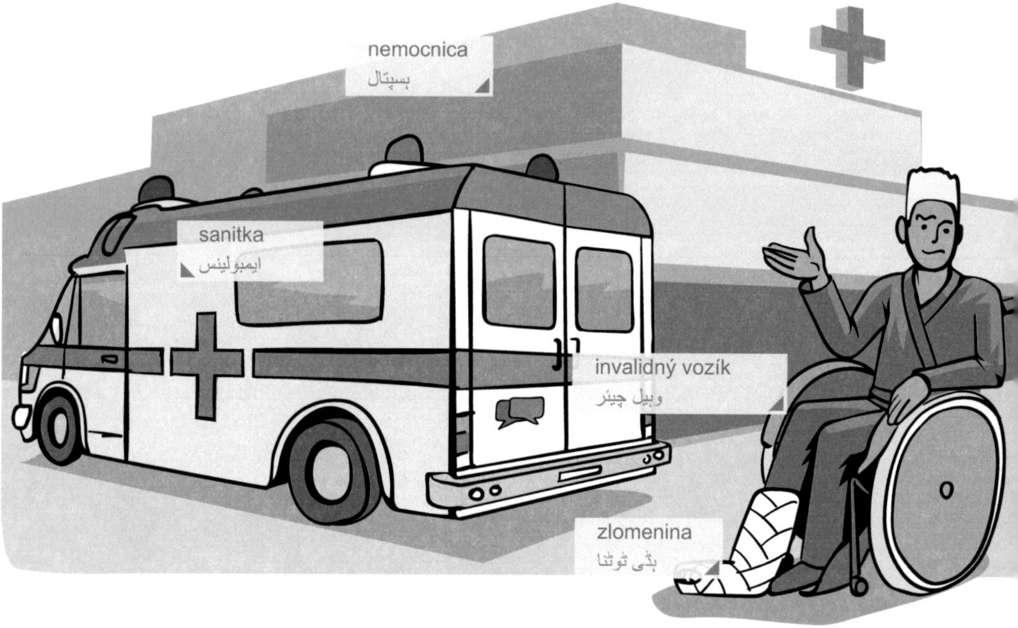

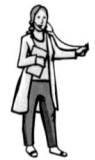

lekár

ڈاکٹر

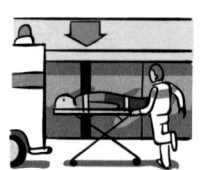

urgentný príjem

ہنگامی کمرہ

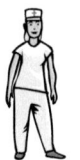

sestrička

نرس

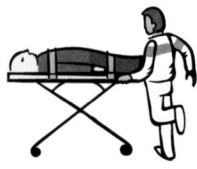

urgentný prípad

ہنگامی صورتحال

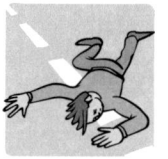

v bezvedomí

بےہوش

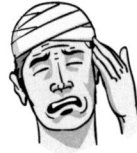

bolesť

درد

zranenie

زخم

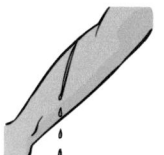

krvácanie

خون بہنا

srdcový infarkt

دل کا دوره

mozgová porážka

فالج

alergia

الرجی

kašeľ

کھانسی

teplota

بخار

chrípka

زکام

hnačka

اسہال

bolesť hlavy

سردرد

rakovina

کینسر

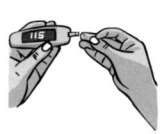

cukrovka

ذیابیطس

chirurg

سرجن

skalpel

نشتر

operácia

آپریشن

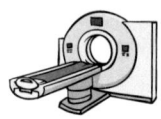

CT

سی ٹی

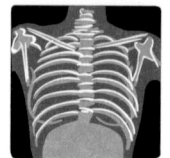

RTG

ایکس رے

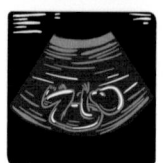

ultrazvuk

الٹراساؤنڈ

maska

چہرے کا نقاب

choroba

بیماری

čakáreň

انتظارگاہ

barla

بیساکھی

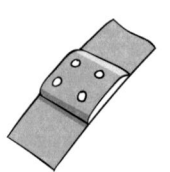

náplasť

پلاسٹر

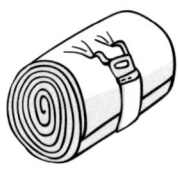

obväz

پٹی

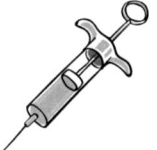

injekcia

انجکشن

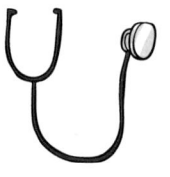

fonendoskop

اسٹیتھو اسکوپ

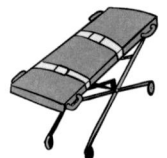

nosidlá

اسٹریچر

teplomer

مطبی تھرما میٹر

pôrod

پیدائش

nadváha

حد سے زیادہ وزن

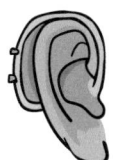

audiofón

آلہ سماعت

dezinfekčný prostriedok

جراثیم کش

infekcia

انفیکشن

vírus

وائرس

HIV / AIDS

ایچ آئی وی/ ایڈز

medicína

دوا

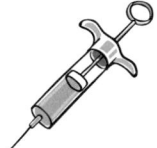

očkovanie

ویکسی نیشن

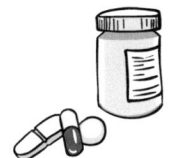

tabletky

گولیاں

antikoncepčná pilulka

گولی

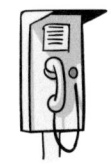

tiesňové volanie

بنگامی کال

tlakomer

بلڈ پریشر مانیٹر

chorý / zdravý

بیمار / صحتمند

Pomoc!

مدد!

alarm

الارم

prepad

مُجرمانہ حملہ

útok

حملہ

nebezpečenstvo

خطرہ

núdzový východ

ہنگامی راستہ

Horí!

آگ!

hasičský prístroj

آگ بُجھانے والہ آلہ

nehoda

حادثہ

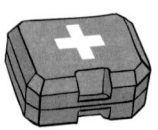

kufrík prvej pomoci

ابتدائی طبی امداد کی کٹ

SOS

ایس او ایس

polícia

پولیس

Európa

یورپ

Severná Amerika

شمالی امریکہ

Južná Amerika

جنوبی امریکہ

Afrika

افریقہ

Ázia

ایشیا

Austrália

آسٹریلیا

Atlantický oceán

بحر اوقیانوس

Tichý oceán

بحر الکابل

Indický oceán

بحربند

Južný oceán

بحر قُطب جنوبی

Severný ľadový oceán

بحر قُطب شمالی

Severný pól

قُطب شمالی

Južný pól

قُطب جنوبی

Antarktída

انٹارکٹیکا

Zem

زمین

krajina

زمین

more

سمندر

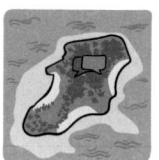

ostrov

جزیرہ

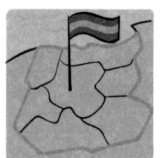

národ

قوم

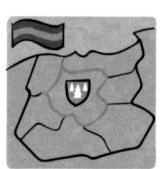

štát

ریاست

ciferník

كلاک كا سامنے كا حصہ

hodinová ručička

گھنٹوں والی سوئی

minútová ručička

منٹوں والی سوئی

sekundová ručička

سیکنڈ ہینڈ

Koľko je hodín?

كيا وقت ہوا ہے؟

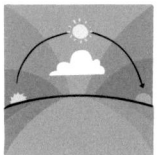

deň

دن

čas

وقت

teraz

اب

digitálne hodiny

ڈیجیٹل گھڑی

minúta

منٹ

hodina

گھنٹہ

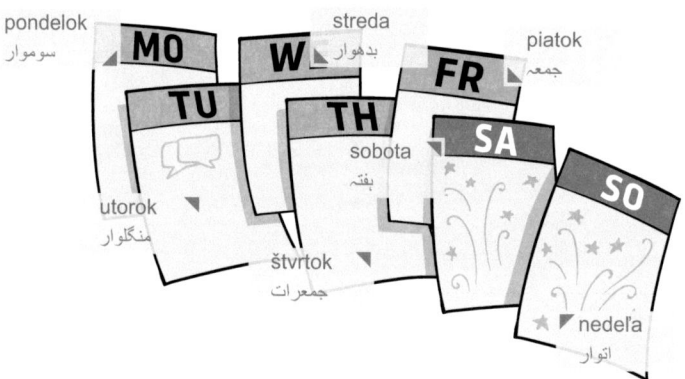

pondelok سوموار

streda بدھوار

piatok جمعہ

utorok منگلوار

sobota بفتہ

štvrtok جمعرات

nedeľa اتوار

včera

گزرا کل

dnes

آج

zajtra

کل

ráno

صبح

poludnie

دوپہر

večer

شام

MO	TU	WE	TH	FR	SA	SU
1	2	3	4	5	6	7
8	9	10	11	12	13	14
15	16	17	18	19	20	21
22	23	24	25	26	27	28
29	30	31	1	2	3	4

pracovné dni

کاروباری دن

MO	TU	WE	TH	FR	SA	SU
1	2	3	4	5	6	7
8	9	10	11	12	13	14
15	16	17	18	19	20	21
22	23	24	25	26	27	28
29	30	31	1	2	3	4

víkend

بفتے کا اختتام

dúha
قوس قزح

dážď
بارش

sneh
برف

vietor
هوا

jar
بهار

jeseň
خزان

leto
موسم گرما

zima
موسم سرما

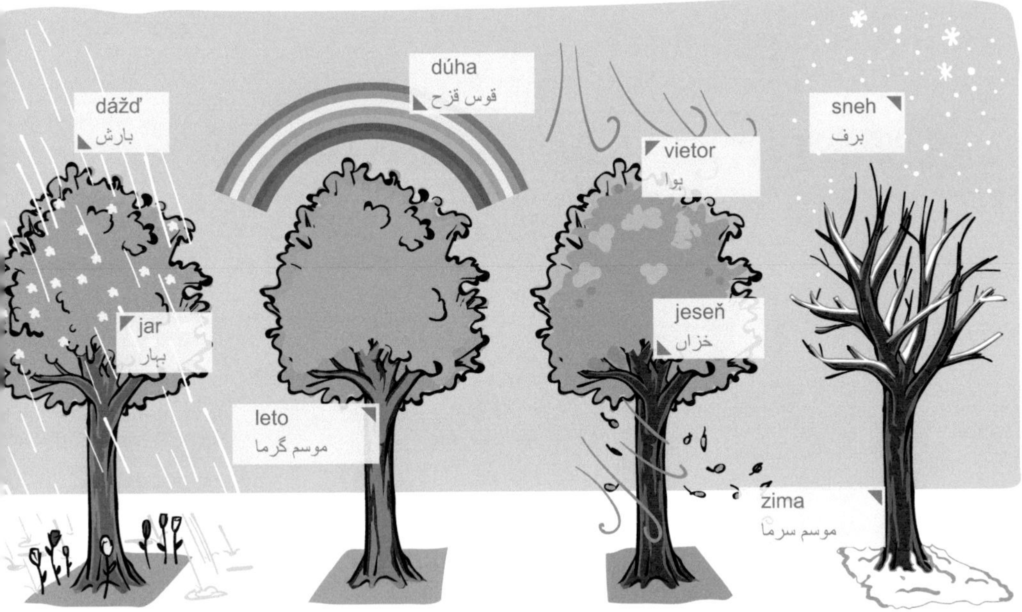

predpoveď počasia

موسمی پیش گوئی

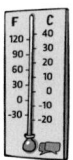

teplomer

تھرما میٹر

slnečný svit

دھوپ

oblak

بادل

hmla

دُھند

vlhkosť vzduchu

حبس

blesk

بجلی کوندھنا

hrom

بادلوں کی گرج

búrka

طوفان

krúpy

ژالہ باری

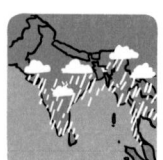

monzún

مون سون

záplava

سیلاب

ľad

برف

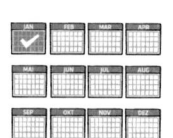

január

جنوری

február

فروری

marec

مارچ

apríl

اپریل

máj

مئی

jún

جون

júl

جولائی

august

اگست

september

ستمبر

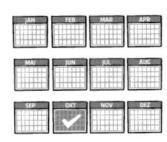

október

اكتوبر

november

نومبر

december

دسمبر

tvary

اشكال

kruh

دائره

štvorec

چوکور

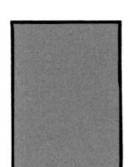

obdĺžnik

مُستطیل

trojuholník

تکون

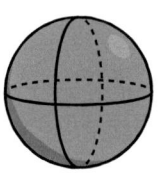

guľa

گره

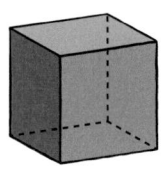

kocka

مکعب

biela

سفید

žltá

پیلا

oranžová

نارنجی

ružová

گلابی

červená

سُرخ

fialová

جامنی

modrá

نیلا

zelená

سبز

hnedá

بھورا

šedá

مٹیالا

čierna

سیاہ

veľa / málo

بہت زیادہ / بہت کم

zúrivý / pokojný

ناراض / پُرسکون

pekný / škaredý

خوبصورت / بدصورت

začiatok / koniec

آغاز / اختتام

veľký / malý

بڑا / چھوٹا

svetlý / tmavý

روشن / اندھیرا

brat / sestra

بھائی / بہن

čistý / špinavý

صاف / گندا

úplný / neúplný

مکمل / نامکمل

deň / noc

دن / رات

mŕtvy / živý

زندہ / مُردہ

široký / úzky

چوڑا / تنگ

chutný / nechutný

کھانے کے قابل ہونا / کھانے کے قابل نہ ہونا

zlostný / láskavý

بُرا / اچھا

vzrušený / unudený

پُرجوش / بوریت کا شکار

tlstý / chudý

موٹا / دُبلا

prvý / posledný

پہلا / آخری

priateľ / nepriateľ

دوست / دُشمن

plný / prázdny

بھرا ہوا / خالی

tvrdý / mäkký

سخت / نرم

ťažký / ľahký

بوجھل / ہلکا

hlad / smäd

بھوک / پیاس

chorý / zdravý

بیمار / صحتمَند

nelegálny / legálny

غیرقانونی / قانونی

inteligentný / hlúpy

عقلمَند / بیوقوف

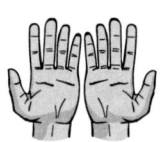

vľavo / vpravo

بائیں / دائیں

blízko / ďaleko

نزدیک / دور

nový / použitý

نیا / پُرانا

nič / niečo

کچھ نہیں / کچھ ہے

starý / mladý

بوڑھا / نوجوان

zapnuté / vypnuté

آن / آف

otvorené / zatvorené

کُھلا / بند

tichý / hlasný

خاموش / بُلند أواز

bohatý / chudobný

امیر / غریب

správne / nesprávne

ٹھیک / غلط

drsný / hladký

کھُردرا / ہموار

smutný / šťastný

افسرده / خوش

krátky / dlhý

مُختصر / طویل

pomaly / rýchlo

أہستَہ / تیز

mokrý / suchý

گیلا / خُشک

teplý / studený

گرم / ٹھنڈا

vojna / mier

جنگ / امن

čísla

اعداد

0

nula

صفر

1

jeden

ایک

2

dva

دو

3

tri

تین

4

štyri

چار

5

päť

پانچ

6

šesť

چھ

7

sedem

سات

8

osem

آٹھ

9

deväť

نو

10

desať

دس

11

jedenásť

گیاره

12

dvanásť

باره

13

trinásť

تیره

14

štrnásť

چوده

15

pätnásť

پندره

16

šestnásť

سوله

17

sedemnásť

سترہ

18

osemnásť

اٹھاره

19

devätnásť

أنیس

20

dvadsať

بیس

100

sto

سو

1.000

tisíc

ہزار

1.000.000

milión

دس لاكه

angličtina

انگریزی

americká angličtina

امریکی انگریزی

mandarínska čínština

چینی مینڈارین

hindčina

ہندی

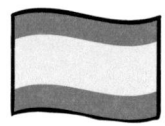

španielčina

ہسپانوی

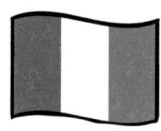

francúzština

فرانسیسی

arabčina

عربی

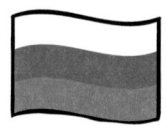

ruština

روسی

portugalčina

پُرتگالی

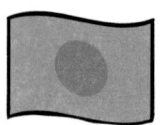

bengálčina

بنگالی

nemčina

جرمن

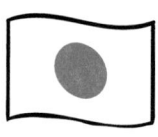

japončina

جاپانی

ja

میں

ty

تم

on/ona/ono

وہ (لڑکا) / وہ (لڑکی) / یہ

my

ہم

vy

تم

oni

وہ

kto?

کون؟

čo?

کیا؟

ako?

کیسے؟

kde?

کہاں؟

kedy?

کب؟

meno

نام

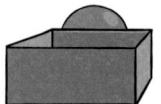

za

پیچھے

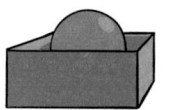

v

میں

pred

کے سامنے

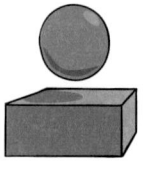

nad

اوپر

na

پر

pod

نیچے

vedľa

ساتھ

medzi

درمیان

miesto

جگہ